Este libro está dedicado a mis hijos - Mikey, Kobe, and Jojo.
Una persona puede hacer la diferencia.

Copyright © 2022 Grow Grit Press LLC. Todos los derechos reservados. Ninguna parte de este libro puede ser reproducida en ninguna forma sin el permiso por escrito de la editorial. Por favor, envíe solicitudes de pedido al por mayor a growgritpress@gmail.com 978-1-36-731376-3 Impreso y encuadernado en los Estados Unidos. NinjaLifeHacks.tv

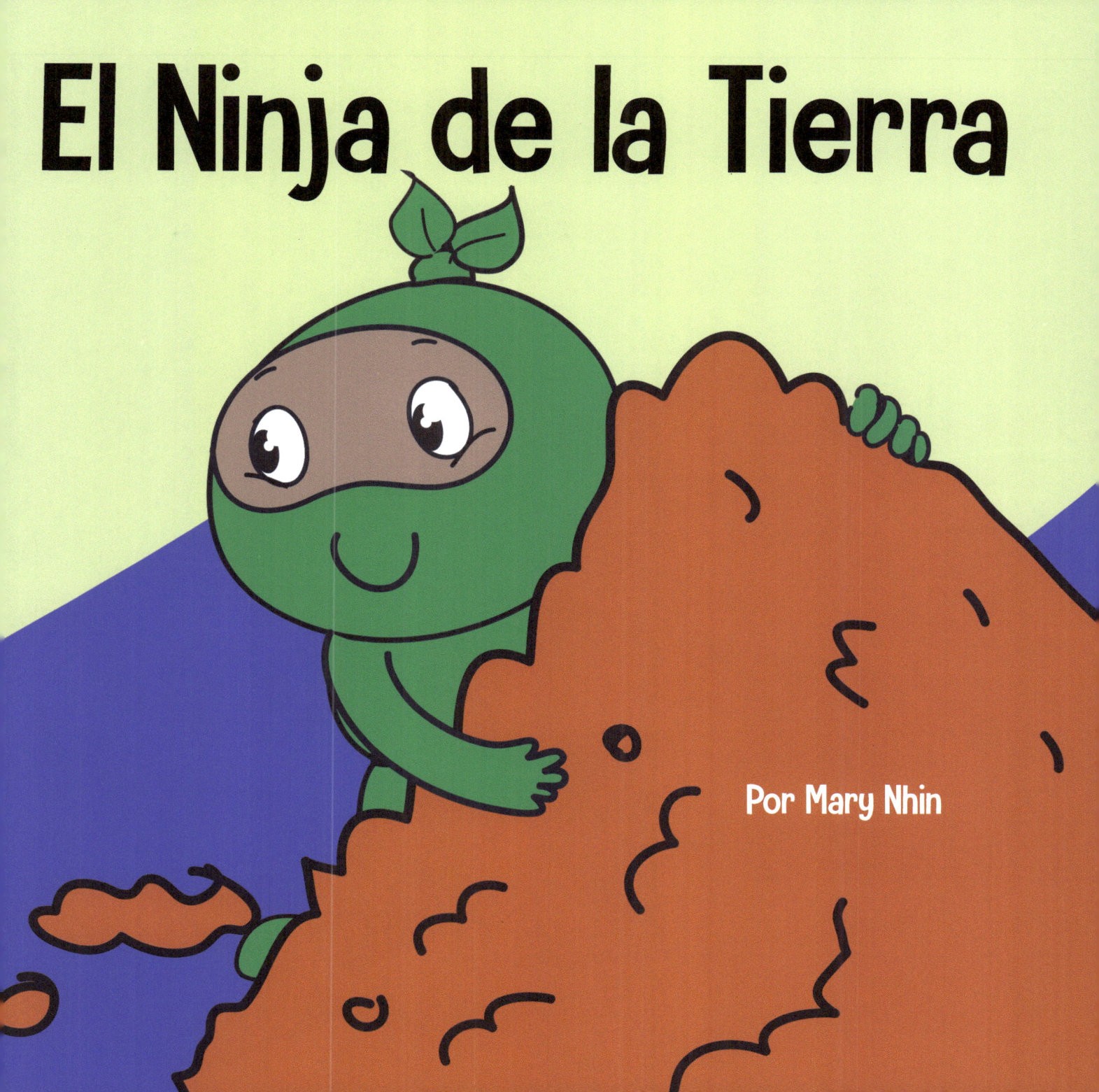

Después del almuerzo, el Ninja Perezoso tiró la basura sobrante. El Ninja Perezoso vio la papelera de reciclaje, pero no entendió completamente para qué era.

Esa tarde, el Ninja Perezoso y yo fuimos a la playa y jugamos con las olas.

De repente, nos dimos cuenta de una tortuga que estaba tirada en la orilla, moviéndose.

Nos acercamos a la pequeña tortuga y notamos que estaba envuelta en plástico.

Después de un tiempo, liberé a la tortuga de sus cadenas de plástico.

Reusa

Podemos convertir el papel usado en suministros de arte o papel de desecho para notas.

Podemos utilizar recipientes del almuerzo reutilizables en lugar de envoltura de plástico o bolsas desechables.

Y podemos reutilizar bolsas de plástico y de papel como bolsas de basura.

Recicla

También podemos tomar tiempo para reciclar vidrio, cajas de papel y plástico.

Reducir

Montar nuestras bicicletas o caminar puede reducir nuestra huella de carbono.

El uso de alimentos no consumidos como fertilizantes puede reducir el desperdicio de alimentos.

Y el asegurarse de que ponemos bolsas reutilizables en el coche para ir de compras puede reducir los residuos de plástico.

Hechos

Si alinearas las botellas de plástico desechadas cada año, darían la vuelta a nuestro planeta CUATRO VECES.

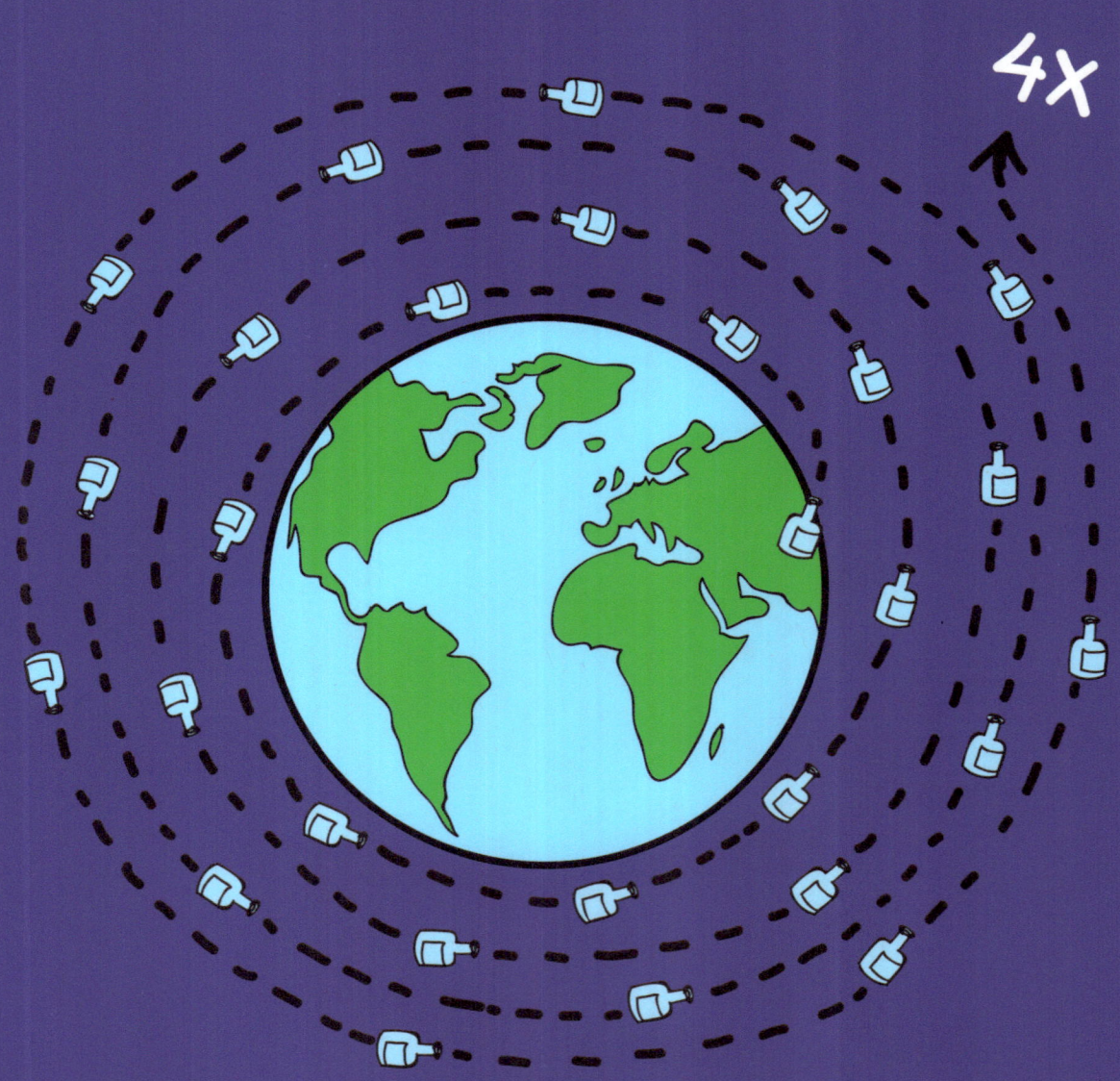

La energía ahorrada de reciclar una botella de vidrio puede encender un foco durante CUATRO HORAS.

Más hechos

-El 75% de la basura es reciclable, pero solo reciclamos el 30% en los Estados Unidos.

-Los plásticos desechados en el medio ambiente filtran sustancias químicas tóxicas en la tierra y el mar.

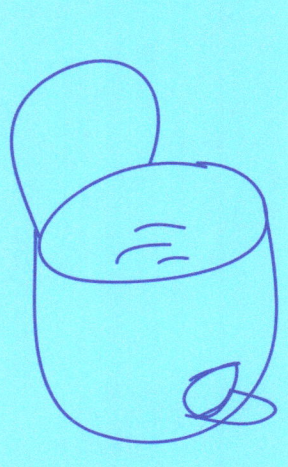
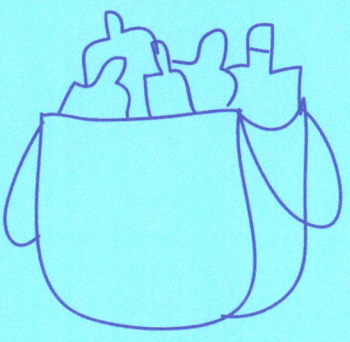
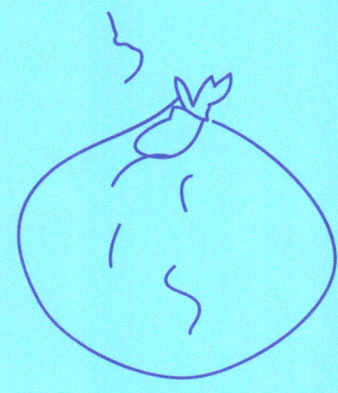

-Nuestra basura puede mutilar, estrangular y matar a los animales marinos.

-Una sola soda puede permanecer en un vertedero durante al menos 500 años. Todas las latas de aluminio pueden reciclarse.

¡Visita ninjalifehacks.tv para obtener imprimibles divertidos gratis!

 @marynhin   @officialninjalifehacks
#NinjaLifeHacks

 Mary Nhin   Ninja Life Hacks

 Ninja Life Hacks

 @officialninjalifehacks

www.ingramcontent.com/pod-product-compliance
Lightning Source LLC
Chambersburg PA
CBHW041106070526
44583CB00002B/87